Juegos de Lectura
LECTURA EFICAZ

Bruño

GRUPO ANAYA

¿A QUÉ JUGAMOS?

2

SALIDA

3

Las reglas del juego

PASO **1** Leed el texto y observad atentamente la cubierta y la contracubierta de vuestro libro *Doña Problemas. El Hematocrítico*.

PASO **2** Leed estas pistas para saber cómo va a mejorar vuestra lectura.

LEO Y COMPRENDO **LEO Y PIENSO**

CONOZCO LA LENGUA

ENTRENO MI MEMORIA

LEO A MI ALREDEDOR **LEO EN VOZ ALTA**

→ Aprenderé el significado de las palabras y cómo emplearlas.

→ Reforzaré mi memoria visual.

→ Comprenderé todo tipo de textos.
→ Organizaré mis ideas.
→ Leeré mejor en voz alta.

ENTRENO MI VISTA

ESCUCHO Y COMPRENDO

→ Sabré concentrarme mejor.

→ Comprenderé mejor las lecturas que escucho.

¿Qué necesitas?

→ Fichas de color para cada jugador.

→ Un dado.

¡ME GUSTA LEER!

DOÑA PROBLEMAS

El Hematocrítico

Ilustraciones de Paco Roca

ANAYA

1 Di dos cosas que describan a la niña protagonista de esta historia.

CONTRACUBIERTA

2 ¿Con qué nombre conocen todos a Carlota?

3 ¿A qué se dedica Doña Problemas?

4 ¿Qué hizo con una mochila estropeada?

5 ¿En qué año ganó esta historia un importante concurso de narrativa?

PASO 3 Tapad las pistas con una hoja de papel.

PASO 4 Organizaos en grupos de 3 o 4 participantes. Uno de vosotros arbitrará el juego y dirá si las respuestas son válidas.

PASO 5 El primer jugador tira el dado y avanza las casillas que indique (puede iniciar el juego el participante que saque el número más alto).

PASO 6 ■ Si cae en una casilla vacía, pierde la vez.
■ Si cae en una casilla con círculo de color, tiene que explicar en qué le ayudará este tipo de actividad.
■ Si cae en una casilla numerada, contestará a la pregunta sobre la cubierta y la contracubierta.

PASO 7 ■ Si aciertas, adelantas una casilla.
■ Si fallas, retrocedes dos casillas y pasas el turno a otro jugador.

PASO 8 Gana quien llegue primero a la meta.

JUEGO 1

LEE EN SILENCIO

Puedes consultar el libro las veces que lo necesites

¡Empezamos!

Lee el texto del **capítulo 1** y, después, realiza las actividades.

➔ **¿Qué hizo Irene toda la tarde?**

a Tirarse en el sofá viendo vídeos.

b Dar saltos en el sofá.

c Comer salchichas.

➔ **¿Qué había que entregar el jueves?**

a El libro de la biblioteca.

b El mural de Ciencias Naturales.

c Una tarta decorada.

➔ **¿Qué dice Juan a las niñas?**

☐ Si no se entrega el mural, te suspenden.

☐ Conozco a alguien que puede ayudaros.

➔ **¿De qué se encarga Carlota?**

➔ **¿Qué se le rompió a Luisito en la mochila?**

a El lapicero.

b La cremallera del estuche.

c Un yogur.

➔ **¿Cómo llaman todos a Carlota?**

a Doña Preciosa.

b Doña Problemas.

c Doña Sonrisas.

➔ **¿Qué quiere decir Carlota al mover su mano con los dedos estirados?**

☐ No me lo creo. ☐ Tengo frío. ☐ Más o menos. ☐ No me acuerdo.

➔ **¿Qué problema te parece mayor, el de Irene o el de Luisito? ¿Por qué?**

➔ **Si tuvieses un problema, ¿le pedirías ayuda a Carlota? ¿Por qué?**

Juega con las palabras

Busca cada palabra en la página indicada del libro. Lee el párrafo en el que está para deducir su significado.

➡ **Escribe el número de cada palabra junto a su significado.**

1 **observador** (página 9)
2 **emoticono** (página 10)
3 **consolar** (página 11)
4 **gardenia** (página 12)
5 **bebible** (página 14)
6 **pocho** (página 14)

◻ Icono que expresa un estado de ánimo.
◻ Alimento que se puede beber.
◻ Flor blanca y olorosa.
◻ Persona que se fija en las cosas con atención.
◻ Alimento que está podrido o dañado.
◻ Aliviar la pena de alguien.

➡ **Elige una palabra del ejercicio anterior de la que no conocías su significado o te parezca difícil. Escribe una oración con ella.**

....

....

➡ **Escribe la palabra del ejercicio anterior que corresponda con la imagen.**

➡ **Rodea la gardenia.**

➡ **Señala la frase en la que la palabra resaltada se utiliza correctamente.**

◻ Me puse el **pocho** para abrigarme.

◻ Era muy **observador,** no se perdía ningún detalle.

Encaja las piezas

Elige un grupo de palabras de cada columna y forma tres oraciones. Escríbelas debajo.

Estuve toda	todas las personas	viendo vídeos.
No se	la tarde	entregar el mural.
Conoce a	acordó de	del colegio.

1 ....
2 ....
3 ....

En clave

Lee el texto y elige las dos palabras que consideres más importantes para resumirlo.

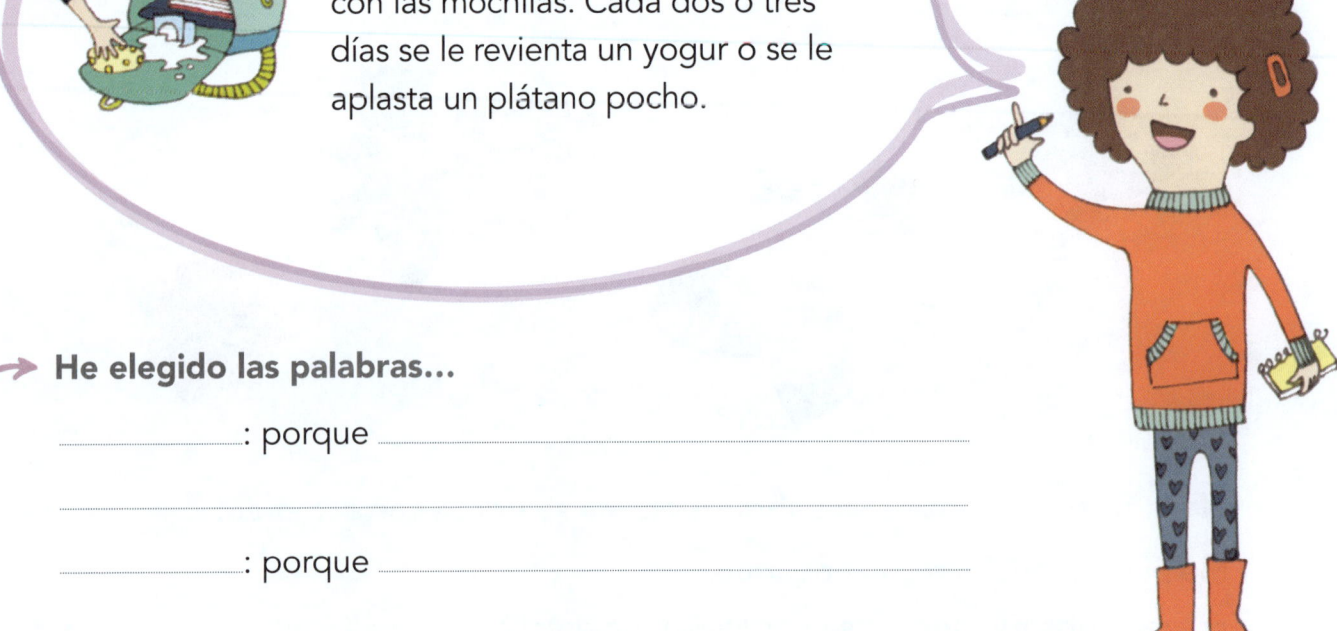

En esa familia tienen un problema con las mochilas. Cada dos o tres días se le revienta un yogur o se le aplasta un plátano pocho.

→ He elegido las palabras...

.... : porque ....

.... : porque ....

Letras repetidas

Escribe las tres letras que se repiten en cada grupo.

D	I	B	G
A	M	L	C
F	K	E	J
C	B	H	A

....

D	B	X	R
Q	Z	P	F
P	W	E	V
A	S	B	D

....

Ñ	L	K	N
P	R	J	H
H	M	U	B
O	K	Y	R

....

R	V	M	H
N	L	Y	U
F	T	N	J
M	G	L	O

....

¿Qué sabes de la lectura en voz alta?

Marca V o F al lado de cada afirmación, según sea verdadera o falsa.

	V	F
• Cuando se lee para uno mismo, se utiliza una lectura silenciosa.	☐	☐
• Cuando se lee para los demás, se lee en voz alta.	☐	☐
• La postura no importa. Conviene balancearse y moverse mucho.	☐	☐
• Hay que mirar a los oyentes para captar su atención.	☐	☐
• No se prepara el texto en silencio antes de leer en voz alta.	☐	☐

➜ **¿Qué es lo más importante cuando lees en voz alta?**

☐ Leer muy rápido.

☐ Que entiendan tu mensaje.

☐ Leer gritando mucho.

➜ **Compara las respuestas con las de tus compañeros y compañeras.**

Solo con los ojos

Lee las palabras de cada etiqueta de un solo golpe de vista.

Yo busco a personas que tienen problemas y se las traigo a Carlota. Ella los resuelve. Hay un par de normas, nada más. Nunca le hacemos daño a nadie.

➔ **¿Qué hace Carlota con los problemas?** _____

Lee cada pareja de palabras varias veces fijando la vista en el punto.

patio ● vídeo

mural ● amiga

sopa ● cara

olor ● flor

yogur ● patio

gesto ● dedos

➔ **¿Qué palabra está repetida dos veces?** _____

Busca, en las columnas del mismo color, las palabras diferentes y subráyalas.

1	2	3	4
hora	cama	hora	cana
vida	mural	vida	mural
cara	mosca	cera	mosca
tarde	madre	tarde	madre
poco	hambre	pico	hombre
feliz	niño	feliz	niño
sofá	norma	sopa	norma
saco	gesto	saco	gasto

➔ **Responde rápidamente. En la columna 1...**

● ¿Cuántas palabras no llevan la letra a? _____

● ¿Cuántas palabras terminan en o? _____

Unas normas para el recreo

Lee las normas para un buen comportamiento en el recreo y realiza las actividades.

Respeta a los demás. Y cumple con las reglas de los juegos.

Mantén el patio limpio. Utiliza las papeleras.

Si tienes o ves algún conflicto llama a los maestros.

Invita a jugar a otros compañeros que se encuentran solos.

Cuida de las instalaciones del patio y de los aseos.

Cuando oigas el timbre, ve directamente a tu fila.

➜ **Indica si las siguientes afirmaciones son verdaderas (V) o falsas (F).**

	V	F
Nunca se molesta a los maestros en el patio.	☐	☐
Al oír el timbre, se acude a la fila.	☐	☐
Las reglas de los juegos no son obligatorias.	☐	☐
Los aseos no se usan en el horario de recreo.	☐	☐

➜ **¿Qué debes hacer para mantener limpio el patio?**

☐ Acudir a la fila.   ☐ Utilizar las papeleras.   ☐ Cumplir las reglas de los juegos.

➜ **¿Qué puedes hacer si ves a un compañero que está solo?**

_____

➜ **¿Qué norma te parece más importante? ¿Por qué?**

_____

_____

➜ **¿Crees que es importante comprender unas normas correctamente? ¿Por qué?**

_____

JUEGO 2

LEE EN SILENCIO

Puedes consultar el libro las veces que lo necesites

¡Empezamos!

Lee el **capítulo 2** y, después, realiza las actividades.

→ **¿Qué le pidió Carlota a Juan?**

a Hojas de colores y tijeras.

b Una cartulina y pegamento.

c El libro de Ciencias.

→ **¿Cómo se titulaba el mural?**

a El sistema digestivo.

b El sistema nervioso.

c El sistema solar.

→ **Marca con una cruz las dos afirmaciones que son verdaderas.**

☐ Irene se olvidó el mural en casa.

☐ Había que entregar el mural el jueves.

☐ Carlota no tenía imágenes del sistema digestivo.

☐ Carlota ayudó a Irene a hacer el mural en el recreo.

→ **¿Qué hizo Irene toda la tarde?**

....

→ **¿Dónde guardaba Carlota las imágenes con los apuntes de todas las asignaturas?**

☐ En la cartera.　　☐ En el ordenador.

☐ En el teléfono móvil.　　☐ En la taquilla.

→ **¿Qué escribió Carlota en su pequeña libreta?**

....

→ **Irene mintió diciendo que se había dejado el mural en casa. ¿Estás de acuerdo con su comportamiento?**

☐ Sí　☐ No

→ **¿Qué le dirías?**

....

....

Juega con las palabras

Busca cada palabra en la página indicada del libro. Lee el párrafo en el que está para deducir su significado.

➡ **Escribe la palabra junto a su significado correcto.**

- **mural** (página 17)
- **sincera** (página 17)
- **recortes** (página 18)
- **alfabético** (página 19)
- **rótulo** (página 19)
- **resuelto** (página 20)

1. Persona que dice la verdad. _____
2. Problema que se ha solucionado. _____
3. Obra visual con información. _____
4. Letrero que indica el contenido de algo. _____
5. Trozos que quedan al recortar algo. _____
6. En el orden de las letras del alfabeto. _____

Texto numerado

Lee este texto numerado.

1. Carlota lleva en
2. su mochila una
3. carpeta clasificadora,
4. de esas que tienen
5. muchos plásticos
6. donde meter
7. papeles y recortes.
8. Utiliza separadores
9. de colores para
10. los distintos cursos,
11. marcados con
12. iniciales para las
13. distintas asignaturas.
14. De dentro de la carpeta
15. «Ciencias Tercero»
16. sacó un sobre.

➡ **Escribe en qué línea aparecen las siguientes palabras.**

iniciales: _____   mochila: _____   cursos: _____   plásticos: _____   sobre: _____

dentro: _____   Carlota: _____   distintas: _____   colores: _____   papeles: _____

➡ **¿En qué renglones están las respuestas a estas preguntas?**

- ¿Qué lleva Carlota en su mochila? _____
- ¿Cómo se titulaba la carpeta? _____
- ¿Qué sacó de la carpeta? _____

Verdadero o falso

Vuelve a leer el texto de la página anterior.

→ Indica si las siguientes afirmaciones son verdaderas (V) o falsas (F).

	V	F
La carpeta clasificadora es de Irene.	☐	☐
La carpeta tiene muchos plásticos para meter papeles.	☐	☐
Carlota marca las asignaturas con iniciales.	☐	☐
La carpeta se llama «Ciencias Primero».	☐	☐
Carlota sacó un sobre de la carpeta.	☐	☐

En resumen

Marca el resumen que te parezca más apropiado para este texto.

Eso es mentira —aclaró Juan—. Escucha bien, Irene. Podemos ayudarte. Vamos a solucionarte el problema, pero tienes que ser completamente sincera con nosotros. Es la única manera que tenemos de trabajar: con absoluta confianza. Aquí no puedes mentir.

Nadie puede ayudar a Irene. Tiene un problema muy difícil de solucionar.

Pueden ayudar a Irene siempre que sea sincera y no mienta.

Juan se ofrece a ayudar a Irene, pero no sabe cómo puede hacerlo.

Al revés

Relaciona las palabras de la columna A que están escritas a la inversa en la columna B.

¡Fíjate en el ejemplo!

	A			B
	A. trabajo			joler
	B. mochila	A		ojabart
	C. sobre			alihcom
	D. reloj			aritnem
	E. mural			larum
	F. mentira			erbos

	A			B
	A. problema			anapmac
	B. agujas			amelborp
	C. plástico			aterbil
	D. rótulo			sajuga
	E. campana			ocitsálp
	F. libreta			olutór

¿Cómo pronuncias?

Practica con estos trabalenguas para mejorar tu pronunciación.

La pelota bota y bota en la bota de Carlota. ¡Quita la bota, Carlota, que la pelota rebota!

El recreo está embarrado. ¿Quién lo desembarrará? El desembarrador que lo desembarre, buen desembarrador será.

Juan tuvo un tubo, y el tubo que tuvo se le rompió. Para recuperar el tubo que tuvo, tuvo que comprar un tubo igual al tubo que tuvo.

AuToevaluación

¿**Pronuncias** correctamente el texto para que te entiendan con claridad?

Valóralo del 1 al 10

1	2	3	4	5	6	7	8	9	10

Solo con los ojos

Lee el texto saltando de la columna izquierda a la derecha.

Carlota miró su
Es de agujas.
creo que era
O de su abuelo.
Nunca me habla

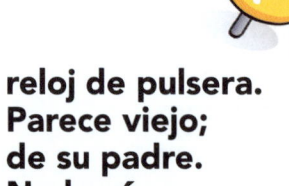

reloj de pulsera.
Parece viejo;
de su padre.
No lo sé.
de su familia.

➡ **¿Qué miró Carlota?**

....

Lee cada pareja de palabras fijando la vista en el punto.

reloj	● aguja		pieza	● pegar
recreo	● cursos		agenda	● libreta
recorte	● carpeta		rótulo	● recreo

➡ **¿Qué palabra se repite dos veces?**

....

Escribe las palabras que se repiten en cada columna y cuántas veces se repiten.

A	B
mirada	reloj
recreo	patio
mentira	mochila
mural	tiempo
pintura	reloj
bolsa	mochila
mural	balón
goma	móvil
recreo	lluvia
bolsa	mochila
tela	lloros
mural	móvil
timbre	libreta

A
....
....
....

B
....
....
....

Los pasos para resolver un problema

Lee atentamente esta infografía y, luego, realiza las actividades.

Pasos para resolver un problema

1. **Lee** el problema hasta que lo comprendas bien.
2. Encuentra la **pregunta**. Rodéala.
3. Localiza los **datos** que te dan. Subráyalos.
4. **Piensa** en cómo solucionarlo y en las operaciones.
5. Haz las **operaciones.**
6. **Contesta** a la pregunta con una frase.

Trucos

- Si no conoces el significado de una palabra, búscalo antes de empezar.
- Una vez resuelto el problema, comprueba que la solución es la correcta.
- Si no entiendes el problema, prueba a dibujarlo.

➡ **Indica si las siguientes afirmaciones son verdaderas (V) o falsas (F).**

V F

- Puedes resolver el problema, aunque no lo entiendas del todo. ☐ ☐
- No es necesario localizar todos los datos. ☐ ☐
- La solución debe responder a la pregunta con una frase. ☐ ☐
- Hay que pensar despacio en las operaciones que realizarás. ☐ ☐

➡ **Numera del 1 al 6 los pasos para resolver el problema.**

☐ Localiza los datos.   ☐ Haz las operaciones.

☐ Lee y comprende el problema.   ☐ Piensa cómo solucionarlo.

☐ Da la solución.   ☐ Encuentra la pregunta.

➡ **¿Cuándo puedes comprobar si la solución está bien?**

☐ Al leer el problema.   ☐ Después de escribir la solución.

☐ Al hacer las operaciones.   ☐ No puedes saberlo.

➡ **¿Qué truco puedes usar si te cuesta comprender el problema?**

➡ **¿Qué paso para solucionar un problema te parece más difícil?**

JUEGO 3

¡Empezamos!

Lee el capítulo 3 y, después, realiza las actividades.

➜ **¿Qué problema tenía Raúl?**

a El perro del vecino no dejaba de ladrar.

b La tele del vecino no lo dejaba dormir.

c Perdía las llaves continuamente.

➜ **¿Por quién se hizo pasar Carlota?**

a Por la Policía Municipal.

b Por la directora del colegio.

c Por la secretaria del dueño de las tiendas.

➜ **¿Cómo entra Carlota en los portales?**

a Ofreciendo cupones de descuento.

b Diciendo que llevaba publicidad.

c Con las llaves.

➜ **¿Qué compró el vecino ruidoso?**

a Un tambor.

b Unos auriculares inalámbricos.

c Unos tapones para los oídos.

➜ **Marca las dos afirmaciones que son verdaderas.**

☐ Localizan al vecino en las redes sociales.

☐ Por las noches, el vecino ve películas románticas.

☐ El vecino trabaja en una cadena de electrodomésticos.

☐ Carlota no consigue solucionar el problema.

➜ **¿Qué sabes del vecino ruidoso?**

☐ Tiene cara de mala persona.

☐ Es calvo.

☐ Le gustan las películas infantiles.

☐ Es melenudo.

☐ Es bajo.

☐ Es alto.

☐ Tiene cara de buena persona.

☐ Le gustan las películas de acción.

☐ Es enfermero.

☐ Trabaja en una tienda.

➜ **Indica si cada una de estas afirmaciones es una opinión (O) o un hecho (H).**

	O	H
Carlota imita todo tipo de voces.	☐	☐
Carlota cree que en todos los colegios debería haber alguien como ella.	☐	☐
Raúl no puede dormir por culpa del vecino.	☐	☐

➜ **¿Te parece bien que Carlota entre a los portales con engaños y que se haga pasar por otra persona por teléfono?**

Juega con las palabras

Busca cada palabra en la página indicada del libro. Lee en párrafo en el que está para deducir su significado.

→ **Marca con una cruz el cuadro con el significado correcto**

- **heroína** (página 23)

  ☐ Persona famosa por sus hazañas.

  ☐ Tos intensa y frecuente.

- **cadena** (página 29)

  ☐ Que sucede una vez cada año.

  ☐ Conjunto de tiendas.

- **contenedor** (página 23)

  ☐ Cubo para conservar alimentos.

  ☐ Recipiente para residuos.

- **uniforme** (página 30)

  ☐ Traje de los empleados.

  ☐ Diferente al resto.

- **táctica** (página 25)

  ☐ Método para hacer algo.

  ☐ Vasija pequeña con asa.

- **auriculares** (página 33)

  ☐ Personas pesimistas.

  ☐ Altavoces para los oídos.

→ **Elige una palabra del ejercicio anterior de la que no conocías su significado o te parezca difícil. Escribe una oración con ella.**

....

....

→ **Escribe la palabra del ejercicio anterior que se corresponda con la imagen.**

....

→ **Señala la oración en la que la palabra resaltada se utiliza correctamente.**

☐ Los trabajadores de la tienda llevaban un **uniforme** rojo y gris.

☐ Le echo a la ensalada un poco de **cadena** y mejora el sabor.

Encaja las piezas

Une un fragmento de cada columna para formas oraciones. Cópialas debajo.

Raúl no dormía •   • automático y llamamos.

Nos acercamos al portero •   • hace Carlota con la voz.

Carlota hizo magia con •   • bien hace semanas.

Es increíble lo que •   • su teléfono móvil.

1 _____

2 _____

3 _____

4 _____

Sigue las pistas

Lee las pistas para averiguar cuál de estos personajes es el vecino ruidoso.

Pistas

Es calvo y bajo.

Está hablando por el teléfono móvil.

Viste un traje de chaqueta gris.

Se encuentra muy sorprendido por la llamada.

A   B   C   D   E

➡ **El vecino ruidoso es el que lleva la letra** ☐

¡Mucha atención!

Escribe el número de veces que se repiten en cada cuadro las letras y los número indicados.

0	1	2	5	7
3	9	6	4	1
5	4	7	0	2
8	3	1	9	6
7	2	6	4	8

Número	Repeticiones
1	
5	
7	
9	

Letra	Repeticiones
d	
q	
b	
p	

e	d	r	b	q
q	z	p	g	j
h	x	q	f	m
b	n	c	s	b
a	o	d	p	u

¿Usas el volumen adecuado?

Lee cada línea del texto con la intensidad indicada.

normal	Carlota tiene diez años y es la
bajo	persona más increíble que he
alto	conocido en mi vida. Está un
normal	curso por encima de mí y se me
muy alto	presentó cuando yo iba a
muy bajo	Educación Infantil todavía y ella a
normal	Primero de primaria. Yo estaba
bajo	llorando porque había llevado al
alto	cole un osito de peluche y lo
normal	había perdido. Ella se acercó y
muy alto	me dijo que no me preocupase.

Autoevaluación

¿Utilizas un **volumen** adecuado para que todos puedan escucharte?

Valóralo del 1 al 10

1 2 3 4 5 6 7 8 9 10

Solo con los ojos

Lee las palabras de cada etiqueta de un solo golpe de vista.

Carlota   lleva   un móvil   en el   bolsillo   que es   una   base   de datos   con   información,   una   cámara   de fotos,   una grabadora,   una calculadora,   una   agenda…

→ ¿Qué lleva Carlota en el bolsillo? _____

Lee cada pareja de palabras fijando la vista en el punto.

oso ● poder	pizza ● portal
cine ● casa	caso ● cine
plan ● piso	tienda ● dormir

→ ¿Qué palabra se repite dos veces? _____

Lee con atención los textos de las dos hojas del cuaderno de Carlota.

→ Subraya las palabras que han cambiado en la hoja de la izquierda.

Carlota siempre sabe lo que tiene que decir y lo que van a responder los demás. Ve cosas que nadie más es capaz de ver y piensa cosas que no se te habrían ocurrido en mil años. Es mi mejor amiga y es mi heroína.

Carlota siempre conoce lo que tiene que preguntar y lo que van a decir los demás. Ve objetos que nadie más es capaz de mirar y piensa cosas que no se te habrían pasado en mil años. Es mi mejor compañera y es mi heroína.

Un cupón de descuento

Lee con atención este cupón de descuento y realiza las actividades.

Pizzería La rápida

Pedidos: 950 65 75 893 / pizzarapida@gmail.com
Consulte su tienda más cercana en **www.pizzarapida.es**

Recoger en tienda

10,95 €
2 PIZZAS MEDIANAS
Código de descuento: PIZ021
Usa el código al realizar tu pedido.

4 €/ud
3 PIZZAS MEDIANAS
Código de descuento: PIZ022
Usa el código al realizar tu pedido.

¡MEJOR OFERTA!

Entrega a domicilio

16,50 €
2 PIZZAS MEDIANAS
Código de descuento: PIZ023
Usa el código al realizar tu pedido.

6 €/ud
3 PIZZAS MEDIANAS
Código de descuento: PIZ024
Usa el código al realizar tu pedido.

→ **Indica si cada una de estas afirmaciones es verdadera (V) o falsa (F).**

	V	F
La pizzería se llama «Rapidez».	☐	☐
Las *pizzas* también se pueden comer en la pizzería.	☐	☐
El pedido más caro es el de las tres *pizzas* a domicilio.	☐	☐
El código de descuento se usa al recibir el pedido.	☐	☐

→ **¿Cómo se puede realizar el pedido?**

☐ En la tienda. ☐ Por teléfono. ☐ Por *wasap*. ☐ Por *email*.

→ **¿Estás de acuerdo con que la mejor oferta es la de 3 *pizzas* para recoger en tienda? ¿Por qué?**

....

....

→ **Relaciona cada pedido con su código.**

2 *pizzas* a recoger en tienda. •   • PIZ022

3 *pizzas* para entregar a domicilio. •   • PIZ023

3 *pizzas* a recoger en tienda. •   • PIZ021

2 *pizzas* para entregar a domicilio. •   • PIZ024

→ **¿Qué información del cupón te parece más importante? ¿Por qué?**

....

....

Organiza las ideas

Fíjate en las palabras de este texto.

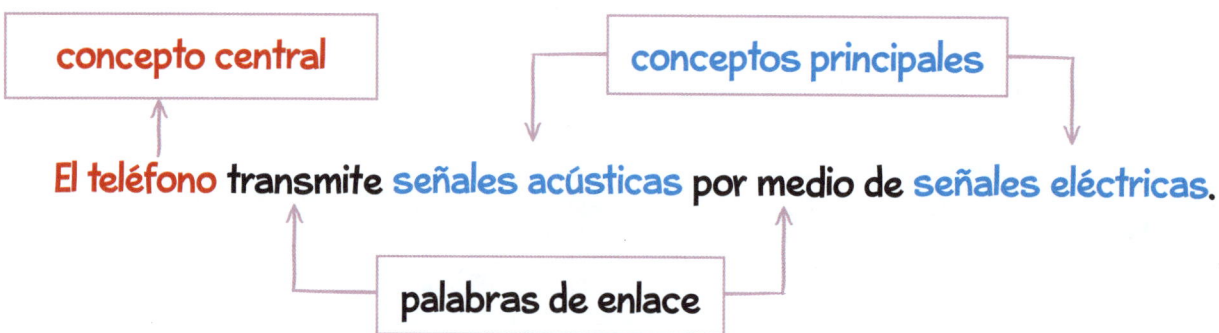

concepto central

conceptos principales

El teléfono transmite señales acústicas por medio de señales eléctricas.

palabras de enlace

¡Ahora tú!

➡ Rodea con un círculo rojo el concepto central y con círculos azules los conceptos principales. Subraya las palabras de enlace.

Los móviles más vendidos son: Tamsung, Applepie y Tiaomi.

➡ Coloca cada una en su lugar en este mapa conceptual.

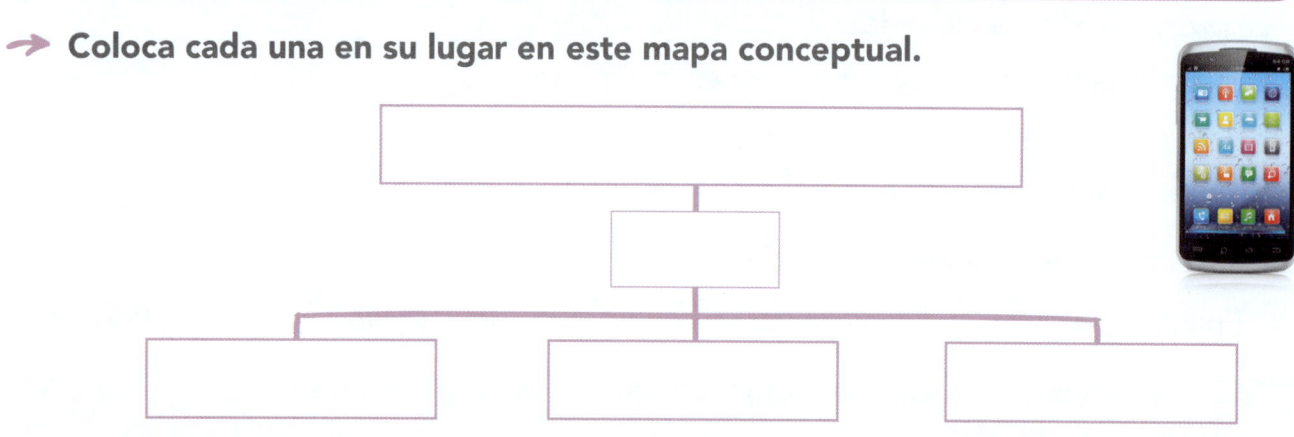

... Y al revés.

➡ Escribe el texto que corresponda a las palabras del gráfico.

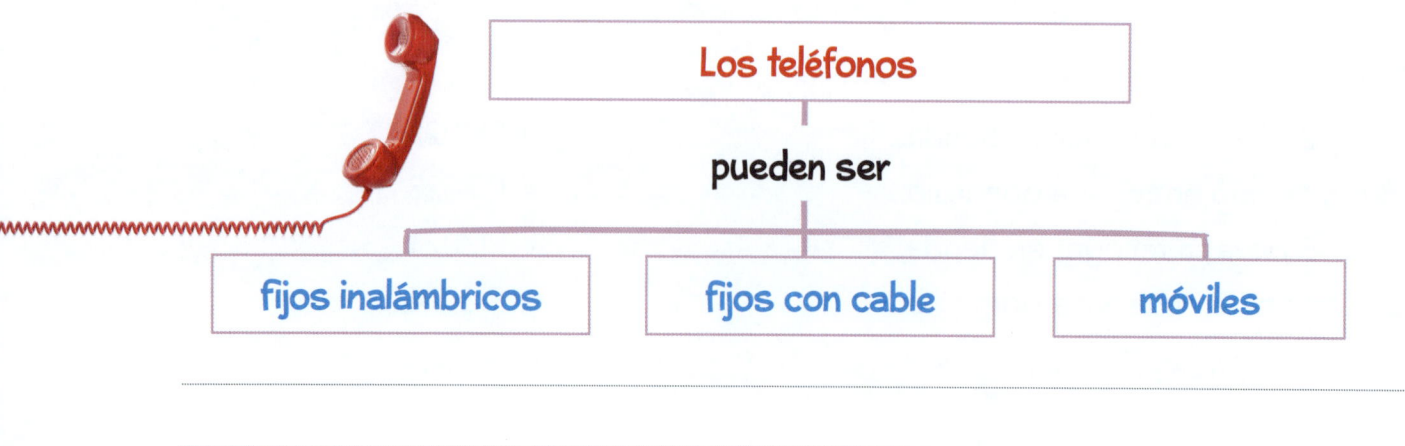

Los teléfonos

pueden ser

fijos inalámbricos   fijos con cable   móviles

¡RING, RING!

Presta atención al texto que vas a escuchar. Luego, realiza las actividades.

El texto está en las páginas 12 a 14 del libro

→ **¿A qué tienda llamó Carlota?**

a A la de la madre de Juan.

b A la del vecino.

c A la que hay debajo de su casa.

→ **¿Por quién se hace pasar Carlota?**

a Por la directora del colegio.

b Por la secretaria del dueño de las tiendas.

c Por un policía.

→ **¿Cómo se llamaba la tienda?**

a Electro Ortiz.

b Electro Pila.

c Luz y Gas.

→ **¿Qué recomendación recibe el vecino?**

a Que no encienda más la televisión.

b Que se cambie de piso.

c Que se compre unos auriculares.

→ **Marca las tres afirmaciones que son verdaderas.**

☐ Carlota miente por teléfono al vecino ruidoso.

☐ Carlota le escribe una carta al vecino con la marca de la tienda.

☐ El vecino se cree lo que le dice la supuesta secretaria.

☐ Llaman al vecino a su móvil particular.

→ **Relaciona cada personaje con su nombre.**

Secretaria por la que se hace pasar Carlota. •

Vecino ruidoso que trabaja en la tienda. •

Dueño de las tiendas. •

• Jesús María

• Señor Ortiz

• Alessandra

→ **¿Cómo actuarías si recibieras una llamada como la del vecino?**

....

....

→ **¿Qué crees que siente el vecino ruidoso al recibir la llamada? Explica tu respuesta.**

☐ Alegría. ☐ Miedo. ☐ Sorpresa. ☐ Felicidad. ☐ Enfado.

....

....

→ **Inventa un nuevo título para el texto que has escuchado.**

....

....

JUEGO 4

LEE EN SILENCIO

Puedes consultar el libro las veces que lo necesites

¡Empezamos!

Lee el **capítulo 4** y, después, realiza las actividades.

→ **¿Qué problema tenía Ricardo?**

a Nunca aprobaba Matemáticas.

b Le faltaba un cromo de fútbol.

c No sabía utilizar el móvil.

→ **¿Cómo perdió Leo su muñeco?**

a Su padre lo aspiró.

b Se fue por el desagüe.

c Se le cayó al correr.

→ **¿Para qué quería Silvia un chicle?**

a Para hacer una pompa gigante.

b Para sujetar un papel en la pared.

c Para quitarse el mal sabor.

→ **¿Qué problema sin resolver tenía Juan?**

a Su abuelo nunca sonreía.

b Su abuelo siempre estaba de broma.

c Su abuela se quería ir de casa.

→ **¿Qué dijo llorando y con la voz temblorosa Gonzalo Puig?**

....

....

→ **Marca con una cruz las dos afirmaciones que son verdaderas.**

☐ El abuelo de Juan estaba triste por la muerte de su mujer.

☐ El abuelo vive en la casa de Juan.

☐ Muchos niños ofrecieron el cromo a Carlota. Fue sencillo recuperarlo.

☐ Carlota nunca llevaba chicles en su mochila.

→ **¿Qué quiere cada uno de estos personajes?**

Ricardo •   • Un chicle

Leo •   • Una entrada para un concierto

Sonia •   • Un cromo de fútbol

Silvia •   • Un muñeco de Lego

→ **¿Cuál de todos los problemas ha sido más difícil para Carlota?**

....

Juega con las palabras

Busca cada palabra en la página indicada del libro. Lee el párrafo en el que está para deducir su significado.

➡ **Relaciona cada palabra con su significado.**

1. **cabezota** (página 35) — ☐ Cerca para impedir la entrada a un sitio.

2. **diminuto** (página 36) — ☐ Terco, obstinado, tozudo.

3. **nostalgia** (página 37) — ☐ Espectáculo musical.

4. **valla** (página 37) — ☐ Extremadamente pequeño.

5. **concierto** (página 38) — ☐ Conjunto de hechos gloriosos.

6. **epopeya** (página 39) — ☐ Tristeza producida por el recuerdo de una pérdida.

Sopa de letras

Busca las palabras de la nota en la sopa de letras.

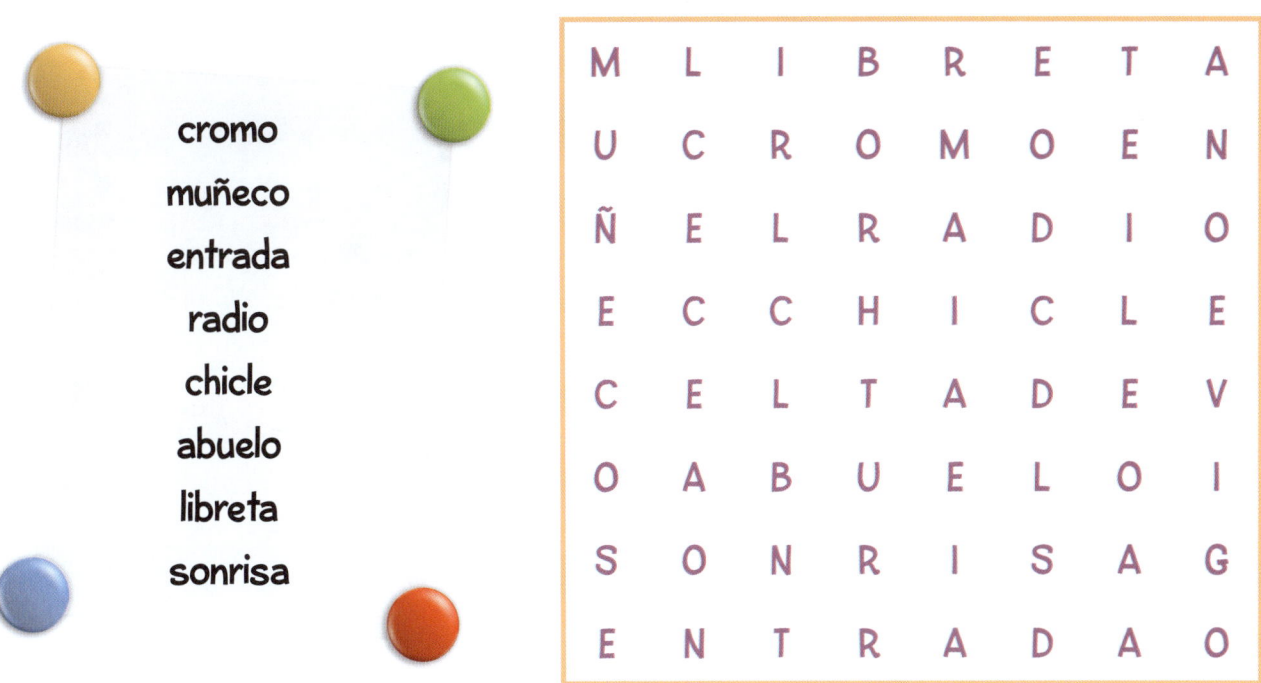

cromo
muñeco
entrada
radio
chicle
abuelo
libreta
sonrisa

M	L	I	B	R	E	T	A
U	C	R	O	M	O	E	N
Ñ	E	L	R	A	D	I	O
E	C	C	H	I	C	L	E
C	E	L	T	A	D	E	V
O	A	B	U	E	L	O	I
S	O	N	R	I	S	A	G
E	N	T	R	A	D	A	O

➡ **Junta las letras que sobran y sabrás en qué equipo jugaba Kevin Vázquez, el jugador del cromo que faltaba.**

A ver si recuerdas

Tacha las cinco palabras que no se encontraban en la nota de la página anterior.

cromo

canica

coche

muñeco

ratón

entrada

chicle

chorizo

abuelo

lápiz

En clave

Lee el texto y elige las dos palabras que consideres más importantes para resumirlo.

> Mi padre estaba limpiando la casa y aspiró mi Darth Vader. Era diminuto, pero molaba muchísimo. Si me consigues ese muñeco, te daré el cromo.

➡ He elegido las palabras...

.... : porque ....

.... : porque ....

➡ **Sin fijarte en el texto y usando las palabras elegidas, cuenta el resumen al resto de la clase.**

¡Mucha atención!

Observa el recuadro y responde lo más rápido que puedas.

→ **¿Qué número se repite tres veces?** _____

→ **¿Qué número se repite dos veces?** _____

→ **¿Qué número no aparece?** _____

→ **¿Cuántas letras diferentes hay en total?** _____

¿Cuidas la velocidad?

Lee en silencio el texto antes de hacerlo en voz alta.

→ **Debes leer muy rápido las palabras en negrita y muy despacio, las subrayadas.**

Carlota llevaba en su mochila chicles de menta, de fresa, <u>de clorofila con y sin azúcar...</u>
Y medio de sandía fusión. Carlota sacó la mano del bolsillo y <u>le entregó el cromo</u> de Kevin Vázquez metido dentro **de una funda de plástico.** Ricardo la abrazó y <u>le dio muchos besos.</u>
—**Eres la mejor,** <u>Doña Problemas.</u>
¡Muchas gracias! <u>¡Muchísimas gracias!</u>

Autoevaluación

¿Tu **velocidad lectora** es la adecuada para que tu mensaje se escuche con claridad?

Valóralo del 1 al 10

1 2 3 4 5 6 7 8 9 10

Solo con los ojos

Lee las palabras de cada recuadro de un solo golpe de vista.

Desde   entonces,   mi   abuelo   no ha   vuelto

a sonreír   ni una vez.   Tiene   una pena   enorme

desde   que se   levanta   hasta que   se acuesta.

Me gustaría   volver   a verlo   contento.

➜ **¿Qué tiene el abuelo?**

_____

Lee cada pareja de palabras fijando la vista en el punto.

curso ● cromo	clase ● radio
mano ● caso	chica ● chicle
primo ● joya	cromo ● fresa

➜ **¿Qué palabra se repite dos veces?** _____

¿Cuántas veces ser repite la primera palabra de cada serie?

pipa	pupa, pipa, pila, pira, pisa, pipa, pita, pala, pela, pipa, pelo, polo, pipa, poca, pila, pira, pisa, pipa, poda, posa.	☐
cubo	cebo, cubo, cabe, cubo, subo, nube, cubo, cuco, cuña, cabo, cubo, caso, como, caza, cubo, cuba, nublo, cubo, cano, casa.	☐
cole	cale, come, coge, cose cole, cola, col, cielo, cole, celo, cala, cole, cabe, cole, coge, cose, cole, cola, col, cielo.	☐
boca	coca, foca, boca, gota, roca, boca, toca, boda, boca, boga, beso, boca, bola, boina, bota, boca, bozal, tono, boca, bolsa.	☐

Noticia de última hora

Lee con atención esta noticia y realiza las actividades.

LAS PROVINCIAS

Miércoles, 14 de diciembre 2022

La Liga Femenina tendrá su primera colección de cromos

El acuerdo entre la editorial **Panini y Liga F** es una realidad. Este acuerdo de colaboración hará posible la creación en exclusiva de la primera colección oficial de cromos de la **Liga Profesional de Fútbol Femenino.**

Esta colección se iniciará en la presente temporada y se extenderá en un principio hasta la **campaña 2026/2027.** Por primera vez en la larga historia de los coleccionables, las aficionadas y aficionados podrán realizar una colección monográfica sobre la máxima competición femenina de un país a nivel de clubes.

Lluís Torrent, director general de Panini en España S.A., y **Beatriz Álvarez,** presidenta de Liga F, han sellado esta alianza, que supondrá un hito histórico para sumar la imparable evolución del fútbol femenino español en nuestro país.

➡ **Indica si las siguientes afirmaciones son verdaderas (V) o falsas (F):**

	V	F
• La colección la publicará la editorial Panini.	☐	☐
• Es la tercera colección que publica esta editorial.	☐	☐
• La colección durará hasta la temporada 2026/2027.	☐	☐
• Nunca habían sacado cromos de la Liga Femenina.	☐	☐

➡ **¿Quiénes firman este acuerdo?**

☐ Panini y la Liga M.   ☐ Panini y la Liga F.   ☐ El Ministerio de Deporte y La Liga.

➡ **¿Quién es Lluís Torrent?**

_____

➡ **¿Qué información de la noticia te parece más importante?**

_____

➡ **¿Crees que esta colección de cromos es beneficiosa para el fútbol femenino español? ¿Por qué?**

_____

JUEGO 5

LEE EN SILENCIO

Puedes consultar el libro las veces que lo necesites

¡Empezamos!

Lee el capítulo 5 y, después, realiza las actividades.

➜ **¿Qué le pusieron a Gonzalo para que dejara de temblar?**

a Una chaqueta.

b Una manta.

c Una bufanda.

➜ **¿Dónde le pegó Gonzalo a Tocho con el balón?**

a En la mochila.

b En la pierna.

c En la cara.

➜ **Tocho amenazó a Gonzalo diciéndole…**

a estás muerto.

b me invitarás al almuerzo.

c dame tu dinero.

➜ **¿Por qué no quiere Gonzalo decirle nada a la profesora?**

a No sabe si le creería.

b Por no parecer un chivato.

c Nadie lo hace.

➜ **Numera del 1 al 4 estas situaciones según el orden en el que suceden.**

☐ Tocho amenaza a Gonzalo.

☐ Gonzalo le pasa el balón a un compañero.

☐ Gonzalo le pega a Tocho con el balón sin querer.

☐ Tocho se cae y la profe se ríe de él.

➜ **Indica si cada una de estas afirmaciones es una opinión (O) o un hecho (H).**

	O	H
• Gonzalo estaba temblando.	☐	☐
• Carlota piensa que Gonzalo no se puede enfrentar a Tocho.	☐	☐
• Tocho amenaza a Gonzalo.	☐	☐

➜ **¿Qué harías tú si ves cómo amenazan a un compañero?**

☐ Salir en su defensa.

☐ Contárselo a los profesores.

☐ No decir nada a nadie.

➜ **Explica tu elección.**

_____

_____

Juega con las palabras

Busca cada palabra en la página indicada del libro. Lee el párrafo en el que está para deducir su significado.

➡ **Marca cuál es el significado correcto.**

- **bordillo** (página 44)
  - ☐ Piedras que forman el borde una acera.
  - ☐ Recipiente pequeño para llevar líquidos.

- **escobero** (página 45)
  - ☐ Arma de fuego antigua.
  - ☐ Mueble para guardar las escobas.

- **cafre** (página 45)
  - ☐ Desayuno oriental.
  - ☐ Bárbaro, bruto.

- **aterrador** (página 45)
  - ☐ Herramienta para sujetar algo con fuerza.
  - ☐ Que causa un miedo intenso.

- **gemido** (página 46)
  - ☐ Sonido que expresa dolor o pena.
  - ☐ Voz del perro.

- **chivato** (página 48)
  - ☐ Denunciador, acusador.
  - ☐ Chichón en la cabeza.

➡ **Completa las oraciones con algunas de las palabras del ejercicio anterior.**

Era un _____, le contaba todo a la profesora.

Entrar en la casa de las brujas era _____, causaba mucho miedo.

➡ **Escribe, debajo de cada viñeta, la palabra del ejercicio anterior que corresponda.**

Ponle título

Escribe al lado de cada título el número que se corresponde con las expresiones de abajo.

LA GRAN AMENAZA

PROHIBIDO CHIVARSE

EL GOLPE

EL RIDÍCULO

1 Acabó con el culo en el suelo. Y la profe… se rio de él.

2 Estás muerto. Voy a acabar contigo.

3 Le di en toda la cara con el balón.

4 Si me convierto en un chivato, será peor todavía.

→ **¿Qué título te gusta más? ¿Por qué?**

Palabra intrusa

Tacha la palabra incorrecta de cada pareja.

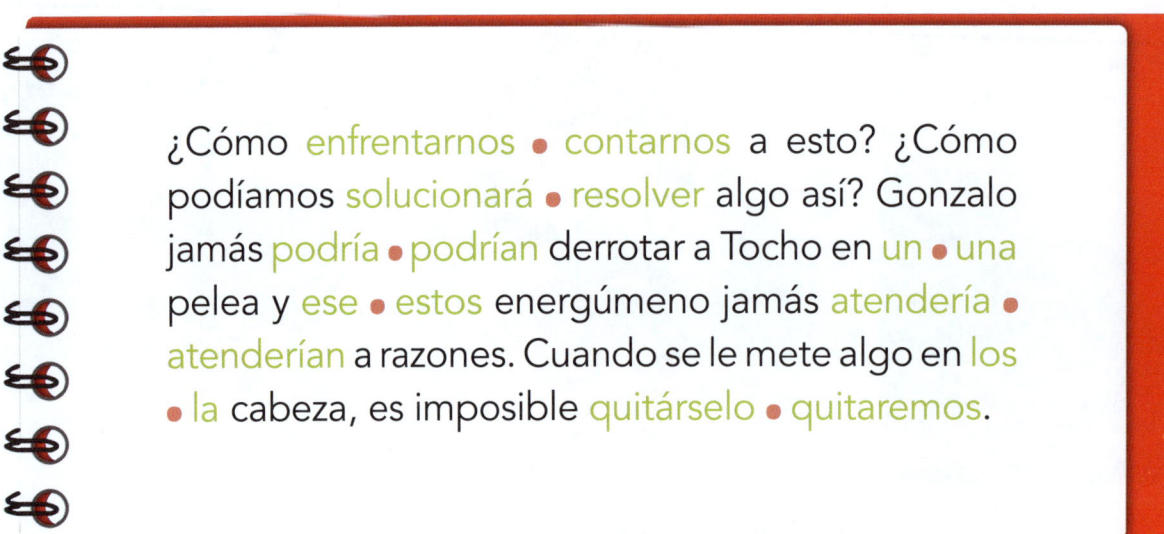

¿Cómo enfrentarnos • contarnos a esto? ¿Cómo podíamos solucionará • resolver algo así? Gonzalo jamás podría • podrían derrotar a Tocho en un • una pelea y ese • estos energúmeno jamás atendería • atenderían a razones. Cuando se le mete algo en los • la cabeza, es imposible quitárselo • quitaremos.

¡Mucha atención!

Indica el número de veces que aparecen repetidos los objetos.
Utiliza solo los ojos para contar.

.... veces

.... veces

.... veces

.... veces

¿Te adelantas al texto?

Lee este texto en voz alta sustituyendo los números
por las palabras correspondientes.

1 tercera

2 recreos

3 ocupa

Tocho es la (**5**) más grande de todo el colegio.
(**3**) aproximadamente lo que la segunda y la (**1**)
personas más grandes del colegio combinadas.
Es una (**6**). Un toro. Un armario. Y es salvaje.
Se pasa la mitad de los (**2**) castigado. Le han
mandado para (**4**) ya no sé cuántas veces.

4 casa

5 persona

6 mole

AUTOEVALUACIÓN

¿Te **adelantas** al texto antes de pronunciarlo?

Valóralo del 1 al 10

1 2 3 4 5 6 7 8 9 10

Solo con los ojos

Lee las palabras de cada columna de arriba abajo.

¿Cómo	podría	*pelea*
enfrentarnos	derrotar	*y*
a	a	*ese*
esto?	Tocho	*energúmeno*
Gonzalo	en	*jamás*
jamás	una	*entendería.*

➡ **¿Qué no podría hacer Gonzalo?** _____

Lee las palabras varias veces fijando la vista en el punto.

manta	●	mitad		profe	●	gesto
clase	●	cafre		lunes	●	cinco
balón	●	suelo		cafre	●	pases

➡ **¿Qué palabra se repite dos veces?** _____

Busca las palabras que no se repiten y escríbelas.

grande	clase	bordillo	título
bordillo	patada	cabeza	clase
gemido	grande	balón	título
cabeza	gemido	patada	

pecho	cara	pase	escena
pase	manta	niña	pecho
partido	escena	partido	niña
gimnasio	manta	gimnasio	

Contra el acoso escolar

Lee con atención la información de la página web y realiza las actividades.

No mires para otro lado, actúa

900 018 018

Servicio de atención telefónica en casos de maltrato y acoso escolar.

El teléfono es gratuito y funciona las 24 horas del día, los 365 días del año.

Destinado a cualquier persona que conozca una situación de acoso escolar y/o malos tratos, tanto dentro como fuera del aula.

Se garantiza la absoluta confidencialidad.

El chat y el formulario web están disponibles para personas con discapacidad auditiva y del habla.

Chat ⬇   **Formulario** ⬇

Ministerio de Educación, Formación Profesional y Deportes

➡ **Indica si cada una de estas afirmaciones es verdadera (V) o falsa (F).**

	V	F
• El teléfono funciona de lunes a viernes.	☐	☐
• Una persona con discapacidad puede comunicarse con este servicio.	☐	☐
• La llamada telefónica tiene un precio económico.	☐	☐
• Nadie se va a enterar de que has llamado.	☐	☐

➡ **¿Qué personas pueden hacer uso de este servicio?**

☐ Solo los niños.   ☐ Cualquier persona.   ☐ Solo los adultos.

➡ **¿Qué quiere decir el lema «No mires para otro lado, actúa»?**

☐ Que es mejor mirar todos hacia el mismo lugar.

☐ Que no hay que fingir no haber visto una situación y hay que llamar.

➡ **¿Qué información de la página web consideras que es la más importante?**

JUEGO 6

LEE EN SILENCIO

Puedes consultar el libro las veces que lo necesites

¡Empezamos!

Lee el **capítulo 6** y, después, señala las respuestas correctas.

→ **¿Para qué había quedado Juan con Carlota?**

a Para ir al cine.

b Para comprar unos libros.

c Para espiar un portal.

→ **Carlota pregunta a Juan por su...**

a padre.

b abuelo.

c hermana.

→ **¿Quiénes salieron del portal?**

a Tocho y su madre.

b Tocho y su padre.

c Los padres de Tocho.

→ **¿Qué miraba Tocho mientras caminaba?**

a A su madre.

b La tableta.

c El móvil.

→ **¿Qué hacía Tocho en la tableta?**

a Teclear un mensaje.

b Jugar.

c Ver algo.

→ **¿Qué hacen Tocho y su madre en el parque?**

a Sentarse en un banco.

b Dar comida a los pájaros.

c Echarse en la hierba.

→ **¿Qué le pide Carlota a Juan?**

a Que distraiga a la madre de Tocho.

b Que le traiga una libreta de casa.

c Que llame a Gonzalo.

→ **¿Qué hizo Juan delante de la madre?**

a Un baile muy extraño.

b Contarle una historia rarísima.

c Fingir que se atragantaba.

→ **¿Para qué sirve la maniobra de Heimlich?**

a Para tratar la asfixia por atragantamiento.

b Para mejorar la movilidad.

c Para aumentar la visión.

→ **¿Qué fotografió Carlota?**

a A la madre.

b La pantalla de la tableta.

c La mochila de Tocho.

→ **¿Cuándo era la clase de Educación Física?**

a A primera hora.

b Antes del recreo.

c Después del recreo.

→ **¿Para qué llama Carlota a Gonzalo?**

a Para explicarle lo que tiene que hacer.

b Para indicarle que no vaya al colegio.

c Para que acuda al parque.

Juega con las palabras

Busca cada palabra en la página indicada del libro. Lee el párrafo en el que está para deducir su significado.

➡ Escribe el número de cada palabra junto a su significado.

1 **chiflada** (página 50)

2 **abusón** (página 50)

3 **relevante** (página 52)

4 **canal** (página 52)

5 **fingir** (página 56)

6 **cubilete** (página 57)

◻ Dar a entender algo que no es cierto.

◻ Importante, significativo.

◻ Banda de frecuencia en la que emite una televisión.

◻ Loca, majareta.

◻ Vaso que sirve para menear los dados.

◻ Que abusa de alguien.

En un espejo

Lee este texto en espejo.

> La madre de Tocho era tan delicada como su hijo. Me empezó a menear con la intensidad de un toro. Me sentí como un dado en un cubilete. Como unas fresas en una batidora. Como un peluche en una secadora. Como un abanico en la playa. No podía ver lo que estaba haciendo Carlota mientras tanto, pero podía oírla gritar:
> —¡Vamos, dele, dele, que ya casi está!

➡ Relaciona con flechas para completar las comparaciones.

Como un dado en •   • la playa.

Como unas fresas en •   • una secadora.

Como un peluche en •   • un cubilete.

Como un abanico en •   • una batidora.

➡ ¿Cómo era la madre de Tocho? _____

A ver si recuerdas

Señala con una cruz las seis palabras que aparecen en el texto de la página anterior.

- [ ] nube
- [ ] dado
- [ ] libro
- [ ] abanico
- [ ] cubilete
- [ ] mano

- [ ] playa
- [ ] cielo
- [ ] fresas
- [ ] limones
- [ ] peluche
- [ ] monopatín

¡Sigue las pistas!

Lee las pistas para averiguar cuál de estas tabletas es la de Tocho.

Pistas

Es roja.

No tiene lapicero incorporado.

Tiene soporte de apoyo.

En su pantalla aparece un concierto de rock.

A

B

C

D

E

➡ La tableta de Tocho es el que lleva la letra ☐

Mensaje secreto

Escribe en cada espacio la letra que corresponda según esté a la izquierda o a la derecha.

I		D
T	1	O
C	2	H
S	3	E
M	4	A
R	5	I
L	6	Z
N	7	D
P	8	V

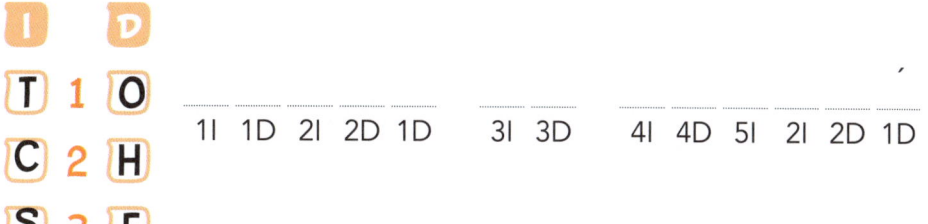

1I 1D 2I 2D 1D   3I 3D   4I 4D 5I 2I 2D 1D

2D 4D 2I 5D 4D   6I 4D   6D 1D 7I 4D   7D 3D   6I 4D 3I

8I 5D 3I 1I 4D 3I   7D 3D 8I 1D 5I 1I 5D 8D 4D 3I

¿Levantas la mirada?

Lee este texto como si fueras un presentador de televisión. Alza los ojos cada vez que encuentres este signo 👁.

Los seguimos desde la acera de enfrente. 👁 Primero intentábamos ser discretos para no ser detectados, 👁 pero Tocho no levantó los ojos un segundo de su aparato 👁 y su madre no levantó los ojos un segundo de su propio hijo, 👁 al que guiaba como a un carrito de supermercado 👁 para que no le atropellaran o atropellara él a alguien. 👁 Así que terminamos caminando un metro detrás de ellos. 👁

AUTOEVALUACIÓN

Al leer, ¿diriges la **mirada** al auditorio?

Valóralo del 1 al 10

1 2 3 4 5 6 7 8 9 10

Solo con los ojos

Lee las palabras de cada etiqueta de un solo golpe de vista.

Averiguar   la dirección   de Tocho   fue fácil,

porque   Carlota   sabe las   contraseñas

de los   profesores   y ese tipo   de datos

aparecen   en las   fichas de   cada uno.

➜ **¿Qué sabe Carlota de los profesores?**

....

Lee cada pareja de palabras fijando la vista en el punto.

espiar	● fichas		jugada	● pelota
portal	● paseo		fútbol	● parque
parque	● pulgar		banco	● móvil

➜ **¿Qué palabra se repite dos veces?** ....

Escribe las palabras que se repiten en cada columna y cuántas veces lo hacen.

A	B
avión	móvil
banco	fin
parque	fingir
cinco	foto
banco	moto
balón	foto
barco	móvil
parque	coto
talón	fingir
parque	fatal
blanco	fingir
balón	móvil
parte	mover

A

B

Cómo curar una herida

Lee las instrucciones para curar una herida y realiza las actividades.

1 **Evita los gérmenes.**
Antes de comenzar la cura, lávate bien las manos con agua y jabón.

3 **Limpia la herida.**
Enjuágala con agua fría. Después, límpiala bien con jabón o agua oxigenada.

4 **Desinfecta la herida.**
Sécala con una gasa limpia. Aplica un antiséptico cutáneo.

2 **Detén la hemorragia.**
Si la herida sangra, aplica presión sobre ella con una gasa limpia.

5 **Cubre la herida.**
Si es pequeña, basta con una tirita. Si es grande, coloca una venda no muy apretada.

Si la herida enrojece o duele, acude al médico. Lava y desinfecta la herida a diario.

➡ **Señala si las siguientes afirmaciones son verdaderas (V) o falsas (F).**

	V	F
Si la herida es pequeña, hay que vendarla.	☐	☐
Si la herida sangra, se presiona sobre ella con una gasa.	☐	☐
Nunca se lava una herida con jabón.	☐	☐
Las heridas se desinfectan una vez a la semana.	☐	☐

➡ **¿Qué necesitas para curar una herida?**

☐ Algodón. ☐ Agua oxigenada. ☐ Papel. ☐ Agua fría. ☐ Desinfectante.

☐ Cuerda. ☐ Alcohol. ☐ Jabón. ☐ Gasas. ☐ Servilletas de papel.

➡ **Si la herida se ha enrojecido. ¿Qué haces?**

☐ Taparla. ☐ Acudir al médico. ☐ Desinfectarla. ☐ Echar alcohol.

➡ **Ordena todos los pasos numerándolos del 1 al 5.**

☐ Limpiar. ☐ Cubrir. ☐ Lavarse las manos. ☐ Cuidar. ☐ Desinfectar.

➡ **Cuando te han curado una herida, ¿lo han hecho como se explica aquí? ¿Falta algún paso?**

_____

Organiza las ideas

Lee este texto.

El ABC de Primeros Auxilios se centra en la Apertura de la Vía Aérea, una Buena Respiración y en la Compresión (hemorragias).

→ **Identifica en este texto:**

- El concepto central: _____
- Los conceptos principales: _____

  _____

- Las palabras de enlace: _____

→ **Completa con ellas este mapa conceptual.**

```
┌────────────────────────────┐
│                            │
└────────────────────────────┘
              │
        ┌──────────┐
        │          │
        └──────────┘
     ┌────────┼────────┐
  ┌─────┐  ┌─────┐  ┌─────┐
  │     │  │     │  │     │
  └─────┘  └─────┘  └─────┘
```

... Y al revés

→ **Lee este mapa conceptual e intenta reconstruir el texto con tus palabras. Cuéntaselo al resto de la clase.**

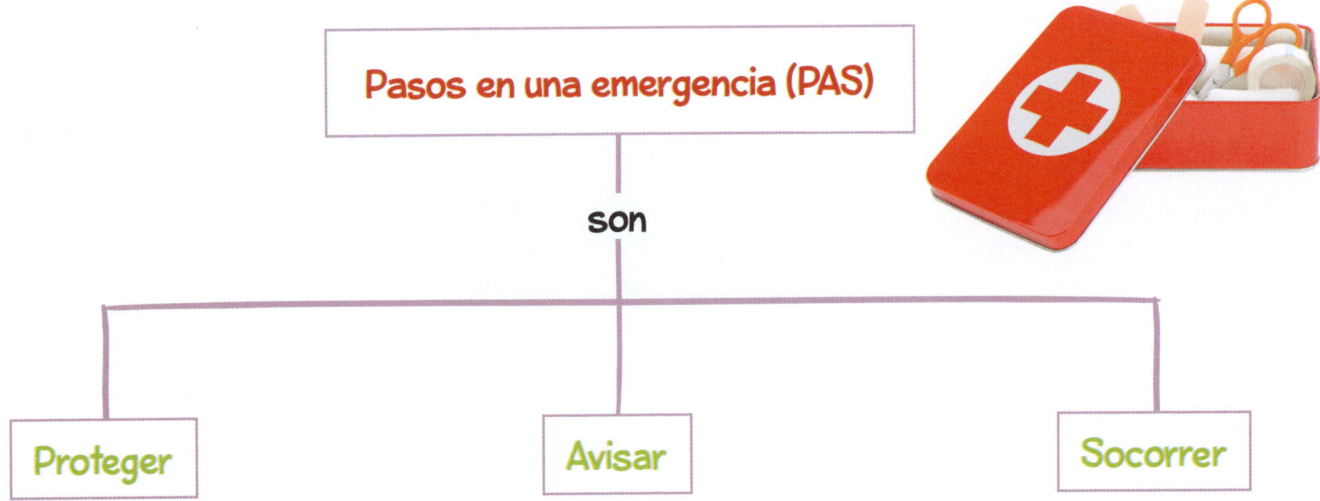

Pasos en una emergencia (PAS)

son

Proteger   Avisar   Socorrer

El texto está en las páginas 45 a 48 del libro

Amenaza de muerte

Presta mucha atención al texto que vas a escuchar. Luego, realiza las actividades.

➡ **¿En qué lugar del colegio se encontraban?**

a En el laboratorio.

b En la clase.

c En el gimnasio.

➡ **¿Cómo le pegó Gonzalo a Tocho con el balón?**

a Sin querer.

b Con mala idea y con todas sus fuerzas.

c Después de un rebote en el suelo.

➡ **¿A dónde se subió Tocho?**

a A una mesa.

b Hasta arriba del todo, por la cuerda.

c A la canasta de baloncesto.

➡ **¿Qué le ha dicho Tocho tras el pelotazo?**

a Que no pasaba nada.

b Que no le dolía.

c Que lo iba a matar.

➡ **Marca con una cruz las dos afirmaciones que son verdaderas.**

☐ La profesora se rio de Tocho.

☐ Al ver a Tocho en la cuerda, la profesora lo felicitó.

☐ A Gonzalo no le preocupaba Tocho. No le tenía miedo.

☐ Tocho amenazó de muerte a Gonzalo.

➡ **Relaciona cada frase con el personaje que la dice.**

Estás muerto. •   • Gonzalo

¡Por favor! ¡Ayudadme! •   • Juan

¿Por qué no se lo dices a la profesora? •   • Carlota

Sí, definitivamente es una amenaza. •   • Tocho

➡ **¿Por qué crees que Gonzalo no quiere contárselo a la profesora? ¿Estás de acuerdo con su forma de actuar?**

_____

_____

➡ **Si a ti te ocurriese lo mismo, ¿cómo actuarías?**

☐ Hablaría con los profesores.

☐ Se lo diría a mis padres.

☐ No diría nada a nadie.

☐ Llamaría al teléfono contra el acoso.

☐ Pediría ayuda a un amigo.

☐ Amenazaría a Tocho.

➡ **Comenta con tu clase la respuesta que has elegido.**

_____

➡ **Inventa un nuevo título para el texto que has escuchado.**

_____

JUEGO 7

LEE EN SILENCIO

Puedes consultar el libro las veces que lo necesites

¡Empezamos!

Lee el texto del capítulo 7. Después, realiza las actividades.

➤ **¿Qué movimientos hacía Tocho en una esquina del patio?**

a Flexiones.

b Movía los brazos mientras corría.

c Daba golpes y patadas en el aire.

➤ **Gonzalo llevaba una camiseta de...**

a un famoso grupo de pop coreano.

b una cantante inglesa.

c un conocido actor.

➤ **¿Qué le pareció a Tocho la camiseta de Gonzalo?**

a No le gustó nada.

b Le enfadó.

c Le gustó.

➤ **¿Qué buscaba Carlota?**

a La forma de llegar a Tocho.

b La manera de ganar la pelea.

c La forma de enfurecer a Tocho.

➤ **Señala con una cruz si cada una de estas afirmaciones es verdadera (V) o falsa (F).**

	V	F
Gonzalo estuvo todo el domingo viendo vídeos del grupo musical.	☐	☐
Carlota se enteró de los gustos de Tocho por su vecina.	☐	☐
Gonzalo mintió y dijo que era su grupo de pop favorito.	☐	☐
A Tocho no le gustaba nada el pop y menos el coreano.	☐	☐

➤ **Numera del 1 al 4 estas situaciones, según el orden en el que suceden.**

☐ La camiseta es de uno de los grupos más famosos de pop coreano.

☐ Tocho ve la camiseta de Gonzalo y lo deja en el suelo.

☐ Gonzalo llega a la clase de Educación Física.

☐ Tocho agarra a Gonzalo y lo levanta en el aire.

➤ **¿Crees que, como Tocho, todos tenemos un secreto que no conocen los demás?**

☐ SÍ   ☐ NO

¿Te atreves a escribir cuál es el tuyo?

_____

_____

Juega con las palabras

Busca cada palabra en la página indicada del libro. Lee el párrafo en el que está para intentar deducir su significado.

➜ **Escribe el número de cada palabra junto a su definición.**

1 **combate** (página 61) ☐ Sonido ronco de una persona que indica mal humor.

2 **machacar** (página 61) ☐ Daños causados por una herida o un golpe.

3 **lesiones** (página 62) ☐ Pelea entre personas o animales.

4 **masacre** (página 62) ☐ Conjunto de pasos de un espectáculo de baile.

5 **gruñido** (página 64) ☐ Matanza de personas producida por un ataque armado.

6 **coreografía** (página 65) ☐ Golpear algo para deformarlo o reducirlo a fragmentos.

➜ **Escribe la palabra del ejercicio anterior que corresponda a cada dibujo.**

A _____   **B** _____   **C** _____

➜ **Señala la oración en la que la palabra resaltada se utiliza correctamente.**

☐ Del accidente le quedaron un par de **lesiones,** pocas para lo que fue.

☐ El **gruñido** del ganso es muy conocido en ese tipo de aves.

En clave

Lee el texto y elige las dos palabras que consideres más importantes para resumirlo.

Gonzalo llevaba una camiseta de uno de los grupos más famosos de pop coreano. Eso es lo que había en la bolsa que le había entregado.

....

➜ **Sin fijarte en el texto y usando las palabras elegidas, escribe un resumen.**

....

....

....

....

¿Qué falta?

➜ Completa esta tabla con los verbos y los nombres que faltan.

Nombres	Verbos
estudio	
	prometer
sonrisa	
	golpean
grito	

➜ Forma dos oraciones con alguna de las palabras anteriores.

1 ....

2 ....

¡Atención!

Localiza la camiseta que no se repite y rodéala.

¿Cómo entonas?

Lee en voz alta las siguientes oraciones, cada vez con una de las cuatro entonaciones del recuadro.

interrogación • exclamación • enfado • pena

- Le va a matar. Le va a hacer picadillo.
- Él sabía lo que tenía que decirle.
- Le hemos salvado la vida a una persona.

AUToEVALUACIÓN

¿Utilizas la **entonación** adecuada en la lectura en voz alta?

Valóralo del 1 al 10

| 1 | 2 | 3 | 4 | 5 | 6 | 7 | 8 | 9 | 10 |

Solo con los ojos

Lee las palabras de cada etiqueta de un solo golpe de vista.

Tocho   sabía   de   puñetazos,   de   golpes   y de

empujones.   Pero no   sabía   mucho   de hablar

con la   gente.   Así que   solo gruñó.   Aunque

fue un   gruñido   bajísimo,   decía   claramente: «Sí».

➜ **¿De qué no sabía mucho Tocho?** _____

Lee cada pareja de palabras fijando la vista en el punto.

solo ● aire   grupo ● éxito

brazo ● grupo   golpe ● gente

bolsa ● cable   calle ● cuello

➜ **¿Qué palabra se repite dos veces?** _____

¿Cuántas veces está repetida la primera palabra de cada serie?

puño	paño, puño, baño, caño, puño, daño, pana, puño, ceño, reno, puño, pena, puro, puño, puso, poco, poro, puño, pozo, paro.	☐
mano	cano, mano, gano, sano, mano, vano, mico, mido, majo, mano, mato, mesa, tuno, mano, sano, tuco, toga, malo, mano, mamá.	☐
caso	ceso, cabo, caso, caco, caso, cado, cazo, caso, paso, vaso, gato, caso, raso, taso, caso, ceso, cabo, caso, caco, cado.	☐

Un festival de *k-pop*

Lee con atención la publicidad de un festival de música y realiza las actividades.

Del 6 al 10 de julio
Conciertos a las 20 horas

K-POP
FESTIVAL MUNDIAL

Con la participación de los mejores grupos del momento
Actuación especial de BRX71
Concursos, exhibiciones, tienda K-POP y mucho más

¡TE ESPERAMOS!

Precios
Adultos: **30 €**
Jubilados: **20 €**
Niños: **20 €**

Lugar de celebración: Teatro Nacional

➡ **Indica si cada una de estas afirmaciones es verdadera (V) o falsa (F).**

	V	F
El festival se celebra en julio.	☐	☐
Los conciertos son a las siete de la tarde.	☐	☐
Dentro del festival hay una tienda con objetos K-POP.	☐	☐
El festival se celebra en un polideportivo.	☐	☐

➡ **¿Quiénes pagan la misma cantidad de dinero por la entrada?**

☐ Adultos.　　☐ Niños.　　☐ Jubilados.　　☐ Estudiantes.

➡ **¿En cuáles de estos días puedes entrar al festival?**

☐ 2 de agosto.　☐ 7 de julio.　☐ 8 de junio.　☐ 9 de julio.　☐ 12 de julio.

➡ **¿Qué actividades puedes encontrar en el festival?**

_____

➡ **¿Cuál crees que son las dos informaciones más importantes? Razona tu respuesta.**

_____

JUEGO 8

LEE EN SILENCIO

Puedes consultar el libro las veces que lo necesites

 **¡Empezamos!**

Lee el **capítulo 8** y, después, realiza las actividades.

➜ **¿Cómo son las coreografías de *k-pop*?**

  a Demasiado simples.

  b Endiabladamente complicadas.

  c Muy raras y realizadas por una persona.

➜ **¿Qué le dijo Carlota a Tocho sobre el club de fans?**

  a Que él no podía participar por cafre.

  b Que podía ser su presidente.

  c Que es algo que no le gustaría.

➜ **¿Para qué le dio Carlota a Tocho una libreta?**

  a Para que anotase nombres de niños.

  b Para que dibujase.

  c Como regalo de cumpleaños.

➜ **¿A cuántos alumnos pidió perdón Tocho?**

  a 15.

  b 835.

  c 133.

➜ **Numera del 1 al 4 estas situaciones, según el orden en el que suceden.**

☐ Cuando tacha todos los nombres, le dan a Tocho la bienvenida al club.

☐ Carlota le regala a Tocho una libreta de BRX71.

☐ En el colegio hacen un club de fans de BRX71.

☐ Tocho pide perdón a todos los alumnos con los que se ha portado mal.

➜ **Indica si cada una de estas afirmaciones son una opinión (O) o un hecho (H).**

	O	**H**
• Carlota piensa que a Tocho le gustaría participar en el club.	☐	☐
• Tocho no tiene amigos.	☐	☐
• Tocho no pensaba que las amenazas contaban como agresiones.	☐	☐
• Tocho no sabe por qué pega y luego se encuentra mal.	☐	☐

➜ **¿Crees que es necesario pedir perdón si te equivocas? Explica tu respuesta.**

☐ SÍ ☐ NO

Juega con las palabras

Busca cada palabra en la página indicada del libro. Lee el párrafo en el que está para intentar deducir su significado.

→ **Relaciona cada palabra con su significado.**

1 **meneos** (página 68) ☐ Mariposa nocturna que suele volar hacia la luz.

2 **polilla** (página 69) ☐ Que sucede a la vez que otra cosa.

3 **fans** (página 70) ☐ Admiradores o seguidores de alguien.

4 **arrepentido** (página 72) ☐ Que siente pesar por lo que ha hecho.

5 **zancadilla** (página 76) ☐ Movimientos de una parte a otra.

6 **simultáneo** (página 77) ☐ Cruzar la pierna entre las de alguien para hacerle caer.

Texto partido

Lee este texto que se ha cortado. Después, contesta a las preguntas.

Cuando Hugo terminó de tachar todos los nombres de esa libreta, le dieron la bienvenida al club. Nunca le volvieron a llamar Tocho. Y él no le pegó a nadie nunca más. Estaba demasiado concentrado en bordar la coreografía de «Pretty Pink Flowers», un temazo particularmente molón de Rhythm Kingdom, el tercer disco de BRX71.

→ **¿Qué pasó cuando terminó de tachar los nombres?**

....

→ **¿Cómo dejaron de llamarle?** ....

→ **¿A quién volvió a pegar Hugo?** ....

→ **¿Qué hacía con la canción «Pretty Pink Flowers»?**

....

→ **¿Cómo se llamaba el tercer disco de BRX71?** ....

A ver si recuerdas

Recuerda el texto de la actividad anterior. Fíjate bien en los dibujos y ordénalos según aparecen en él.

1 .... 2 .... 3 .... 4 ....

➡ **Cuenta la historia al resto de la clase. Procura no olvidarte de ningún detalle importante.**

Un recorrido

Sigue en el mapa el recorrido indicado.

➡ **Colócate en el punto de salida, donde está Tocho, y avanza los cuadros.**

- 3 cuadros hacia el NORTE
- 3 cuadros hacia el ESTE
- 2 cuadros hacia el NORTE
- 4 cuadros hacia el OESTE
- 2 cuadros hacia el NORTE
- 1 cuadros hacia el ESTE
- 1 cuadros hacia el NORTE

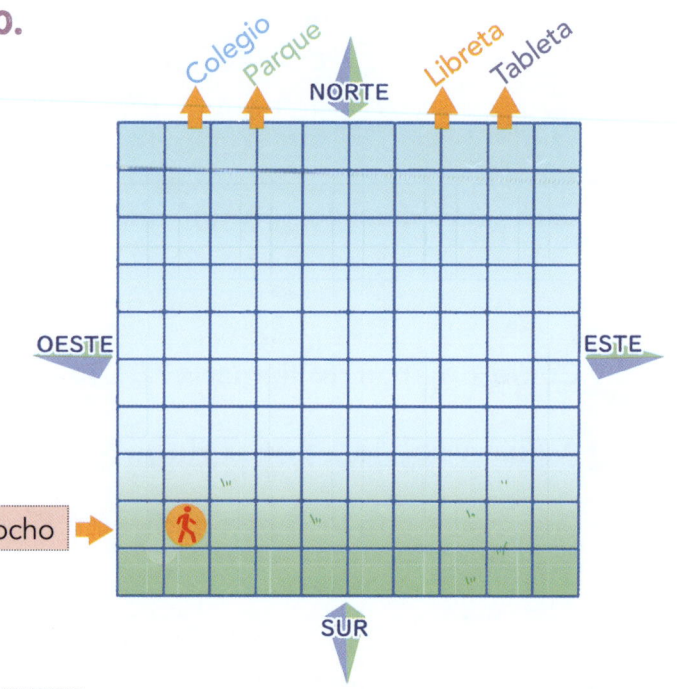

➡ **¿Qué ha encontrado Tocho?** ....

¡Atención!

Fíjate en el cuadro número 1.

➡ **Escribe el objeto que falta en los siguientes cuadros.**

¿Cómo lees en voz alta?

Lee este texto subiendo o bajando la entonación en la dirección que indique cada flecha.

En el patio, como no tenía tableta ni móvil,↑ Tocho practicaba las coreografías él solo.↓
—Menudo espectáculo... —comenté a Carlota—.↓ Ver bailar así a alguien tan grande,↑ tan fuerte,↑ tan...
—Solo —terminó la frase.↓
Y era verdad. Estaba solo, solísimo.↓
—Creo que este chico no tiene amigos —observó Carlota,↑ hipnotizada al ver sus meneos desde la lejanía.↓ Y eso,↑ Juan,↑ ¿sabes lo que es?↑
—Sí.↓ Un problema.↓

AUTOEVALUACIÓN

¿Haces las **pausas** correctamente y con naturalidad?

Valóralo del 1 al 10 ➜

1 2 3 4 5 6 7 8 9 10

Solo con los ojos

Lee el texto intentando abarcar cada línea en un solo golpe de vista.

Te
diré
lo que
vamos
a hacer,
Hugo. Voy
a conseguir
que te acepten
en el club. Y
también
que tengas
muchos
amigos.

→ **¿Qué le va a conseguir Carlota a Hugo?** ....

....

Lee varias veces cada pareja de palabras fijando la vista en el punto.

matón	● móvil		tortazo	● armario
camino	● canción		cafre	● móvil
nombre	● bailes		libreta	● página

→ **¿Qué palabra se repite dos veces?** ....

En estos dos textos cambian algunas palabras. Subráyalas en el texto de la derecha.

Dedicamos los recreos a pasear con Hugo tachando nombres de la lista. La gente se sobresaltaba al verle llegar, pero cuando veían que Doña Problemas estaba a su lado, enseguida sabían que no iba a hacerles picadillo. Al contrario.

Dedicamos los recreos a caminar con Hugo borrando nombres de la agenda. La gente se asustaba al verle llegar, pero cuando comprobaban que Doña Problemas estaba a su lado, enseguida imaginaban que no iba a hacerles polvo. Al revés.

Una academia de baile

Lee la información de este cartel y realiza las actividades.

Escuela de danza y baile

¡MUÉVETE!

Todo tipo de bailes: modernos y clásicos
Coreografías animadas
Niños y adultos

Matrícula gratuita
Precio: 30 €

Comienzo de clases en septiembre.
Precio especial para grupos.
Mañanas: de 9:00 a 12:00 horas
Tardes: de 18:30 a 22:30 horas.
C/ Bailongo, 22 – local.

Contacto e información: www.muevete.com muevete@gmail.com

➡ **Indica si cada una de estas afirmaciones es verdadera (V) o falsa (F).**

	V	F
• La academia se llama ¡Menéate!	☐	☐
• Su precio es de 30 euros al mes más la matrícula.	☐	☐
• Pueden acudir niños y adultos.	☐	☐
• En el mes de agosto hay más clases.	☐	☐

➡ **¿Cómo te saldrían más económicas las clases?**

☐ Acudiendo a menos clases.   ☐ Formando parte de un grupo.

☐ Dando las clases por la mañana.   ☐ Dando las clases por la tarde.

➡ **¿Cómo puedes contactar e informarte?**

☐ Personalmente en el local.   ☐ Teléfono.   ☐ *email.*   ☐ Fax.   ☐ Página web.

➡ **¿Qué bailes puedes aprender en esta academia?**

_____

➡ **¿Qué información del cartel consideras que es la más importante? ¿Por qué?**

_____

JUEGO 9

¡Empezamos!

Lee el capítulo 9, y después, realiza las actividades.

➡ **Indica si estas afirmaciones son verdaderas (V) o falsas (F).**

	V	F
• Llamaron a su grupo de baile «71 Army Locos».	☐	☐
• A Juan le sobra tiempo para seguir ayudando a Carlota.	☐	☐
• Carlota grabó el vídeo que enviaron al concurso.	☐	☐
• Carlota pidió a Juan que le pusiera el vídeo a su abuelo.	☐	☐
• Al abuelo no le gustó el vídeo.	☐	☐
• La madre se emocionó al ver al abuelo tan contento.	☐	☐
• Carlota también solucionó el problema del abuelo de Juan.	☐	☐
• En todos los colegios hay personas como Doña Problemas.	☐	☐

➡ **Relaciona a cada una de estas personas con el motivo por el que han vuelto a ser felices gracias a Carlota.**

La madre de Juan •   • Oliendo la gardenia de su mochila.

Hugo •   • Viendo el vídeo de Juan, su nieto, una y otra vez.

Luisito •   • Por volver a dormir de un tirón.

Irene •   • Por ver sonreír a su padre, el abuelo de Juan.

Ricardo •   • Al tener el cromo que le faltaba.

Raúl •   • Dando saltos mortales en la coreografía.

Abuelo •   • Con un notable por su mural improvisado.

➡ **A lo largo de la historia, Carlota hace felices a muchas personas. Además de Doña Problemas, ¿qué otro nombre podría tener?**

_____

➡ **¿Conoces a alguna persona que, como Carlota, haga felices a los demás? ¿A quién? ¿Qué hace?**

_____

_____

Juega con las palabras

Busca cada palabra en la página indicada del libro. Lee el párrafo en el que está para deducir su significado.

→ **Escribe la palabra junto al significado correcto.**

- **gusanillo** (página 78)
- **pincho** (página 79)
- **temporal** (página 78)
- **aplaudir** (página 80)
- **dedicación** (página 78)
- **pendiente** (página 80)

1. Memoria informática de USB. ....
2. Afición o deseo de hacer algo. ....
3. Que está por resolverse o terminarse. ....
4. Actividad exclusiva en una ocupación. ....
5. Palmotear en señal de aprobación o entusiasmo. ....
6. Que solo dura algún tiempo. ....

→ **Señala la oración en la que la palabra resaltada se utiliza correctamente.**

☐ Se tomó la temperatura **temporal,** pero no tenía fiebre.

☐ Era costumbre del club **aplaudir** a los jugadores al final del partido.

→ **Elige una palabra del ejercicio anterior de la que no conocías su significado o te parezca difícil. Escribe una oración con ella.**

....

....

Al completo

Completa el texto escribiendo los números de las frases en los lugares adecuados.

1	**2**	**3**	**4**
ver el gran	mandamos al	verdad es que	editado, con unos

¡Fíjate en el ejemplo!

Carlota nos grabó el vídeo que **2** concurso, y la ☐ fue una pasada. Estaba perfectamente ☐ efectos chulísimos y un aspecto verdaderamente profesional. Y si pudierais ☐ momento…

¡Sigue la pista!

Lee las pistas y averigua cuál de estos personajes es el abuelo de Juan.

Tiene el pelo blanco.   Sonríe mucho.

Lleva chaqueta de cuadros.   Sostiene un bastón.

Pistas

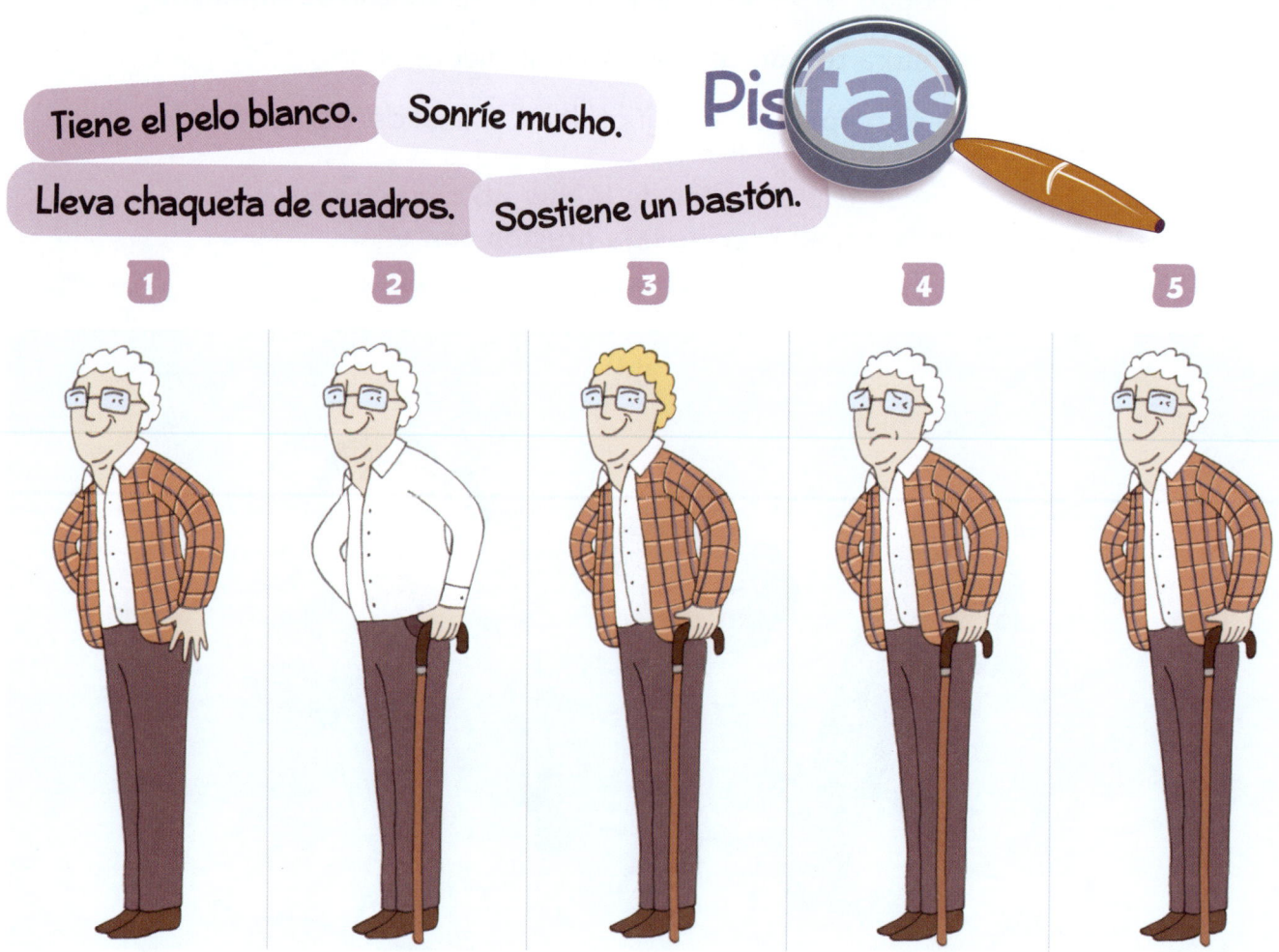

| **1** | **2** | **3** | **4** | **5** |

➡ El abuelo de Juan es el número: _____

¿Cuántas veces?

Cuenta las veces en los que aparecen los grupos de letras que se indican.

romper limpio **imposible** campana

nombre tiempo temblar COMBATE bomba

HOMBRO cambio **hambre** empezar

MP: .... MB: ....

¡Os toca!

Preparad este texto para leerlo después en voz alta por parejas.

CARLOTA	Deberías tener amigos.
HUGO	No tengo ninguno.
CARLOTA	Vas a anotar en esta libreta los nombres de las niñas y los niños con los que te has portado mal.
HUGO	Pero…
CARLOTA	No hay peros que valgan. Yo te ayudaré. Empezamos por Gonzalo.
HUGO	¡Pero si no le pegué!
CARLOTA	¡Se pasó el fin de semana muerto de miedo por tus amenazas!
HUGO	¿Las amenazas también cuentan?
CARLOTA	¡Sí!
HUGO	Entonces no caben todas en la libreta…

¡Recordad las habilidades que habéis trabajado!

→ **Ahora, volved a leer el diálogo cambiando de personaje.**

AUTOEVALUACIÓN

Evalúa del 1 al 10 las **habilidades lectoras** representadas en la tabla.

Valóralo del 1 al 10 → 1 2 3 4 5 6 7 8 9 10

| Postura ☐ | Mirada ☐ | Velocidad ☐ | Entonación ☐ | Volumen ☐ |

Solo con los ojos

Lee las palabras de cada recuadro de un solo golpe de vista.

Cuando terminó de editar el vídeo, Carlota me pidió

que se lo pusiera a mi abuelo. Me dio un pincho USB

con el archivo grabado y me dijo que lo conectara

a la televisión.

➡ **¿A quién había que poner el vídeo?** _____

Lee cada pareja de palabras fijando la vista en el punto.

final	●	niño
doble	●	salto
feliz	●	mural

cromo	●	mundo
lugar	●	gente
salto	●	pino

➡ **¿Qué palabra se repite dos veces?** _____

Busca en la columna las soluciones.

cuartos	304
gusanillo	490
vídeo	567
madre	321
cromo	130
noche	404
verdad	557
mochila	306
genial	234
enorme	487
temazo	123
trabajo	288
abuelo	634
risa	759
mural	500
libreta	157
feliz	843
baile	698
sonrisa	976
equipo	957

a) Escribe el número que corresponda a cada palabra.

temazo: _____

sonrisa: _____

vídeo: _____

verdad: _____

b) Escribe la palabra que corresponda a cada número

759: _____

843: _____

404: _____

698: _____

El decálogo de la felicidad

Lee con atención este texto y realiza las actividades.

LA FELICIDAD

1 Sonríe siempre, aunque estés solo.

2 Decora tu cuarto con alegría.

3 Procura tener amigos.

4 Viste de forma divertida.

5 Canta tu canción preferida.

6 Lee. ¡Vive nuevas aventuras!

7 Aprende a tener paciencia.

8 ¡Pinta lo gris de color!

9 Relájate viendo un paisaje.

10 Haz felices a los que te rodean.

➡ **Indica si cada una de estas afirmaciones es verdadera (V) o falsa (F).**

	V	F
Un decálogo es un conjunto de 6 normas.	☐	☐
Si estás solo, sonreír no sirve para nada.	☐	☐
Los amigos te ayudan a ser feliz.	☐	☐
Sentirse bien y ser feliz también se consigue cantando.	☐	☐

➡ **¿Cumplías alguna de estas normas antes de leer el decálogo?**

....

➡ **¿Qué consejo crees que es el más difícil de cumplir?**

....

➡ **¿Cómo puedes «pintar el gris de color»? Pon el ejemplo de una situación que pueda ocurrir en tu clase.**

....

➡ **¿Crees que para ser feliz es necesario hacer felices a los demás? ¿Por qué?**

Organiza las ideas

Fíjate en las palabras de este texto y dónde se colocan en el gráfico.

> Los tipos de coreografías más conocidas son la grupal; la expresiva y la folclórica. La grupal se caracteriza por ser la más usada; la expresiva, por sus movimientos de danza y la folclórica, por recoger las danzas culturales.

➜ **Identifica en el texto...**

- El concepto central: _____

- Los conceptos principales: _____

- Otros conceptos: _____

- Las palabras de enlace: _____

➜ **Ahora, completa el mapa conceptual.**

... Y al revés.

➜ **Leyendo solo el mapa conceptual, reconstruye el texto con tus palabras.**

_____

_____

_____

➜ **Por último, cuéntaselo al resto de la clase.**

 **BRX 71**

 El texto está en las páginas 62 a 65 del libro

Presta mucha atención al texto que vas a escuchar y realiza las actividades.

➡ **¿Qué vio Tocho al levantar a Gonzalo?**

a Su camiseta.

b El pin que llevaba en el chándal.

c Un bolígrafo que le gustó.

➡ **¿Quién le regaló a Gonzalo la camiseta?**

a Juan.

b La profesora.

c Carlota.

➡ **¿Quién aparecía en la camiseta?**

a Un paisaje de montañas.

b Un grupo de pop coreano.

c Un personaje de dibujos animados.

➡ **¿Dónde se imprimió la camiseta?**

a En la fotocopiadora del colegio.

b Estaba pintada a mano.

c En una copistería cercana.

➡ **Marca con una cruz las dos afirmaciones que son verdaderas.**

☐ Al ver la camiseta, Tocho se enfadó todavía más.

☐ Para responder que sí a Gonzalo, Tocho dio un gruñido bajísimo.

☐ Gonzalo le dijo a Tocho que no le gustaban los grupos coreanos.

☐ Gonzalo estuvo aprendiendo sobre el grupo musical todo el domingo.

➡ **Relaciona cada oración con el personaje que la dice.**

Lleva una camiseta de un grupo de pop. ●   ● Carlota

Le regala a Gonzalo una camiseta. ●   ● Tocho

Le gusta el grupo coreano. ●   ● Gonzalo

➡ **Numera del 1 al 4 estas situaciones según el orden en el que suceden.**

☐ Tocho deja a Gonzalo en el suelo.

☐ Tocho levanta en el aire a Gonzalo.

☐ Gonzalo separa los brazos.

☐ Tocho ve la camiseta de Gonzalo.

➡ **Inventa un nuevo título para el texto que has escuchado.**

En la realización de esta obra han intervenido:

Asesoría
Carlos Álvarez de Eulate

Edición
Amparo Moreno Gullón

Diseño gráfico
Cristóbal Gutiérrez Camacho

Ilustración
Silvia López Cabaco

Fotografía
123RF y colaboradores e iStock

Maquetación
Juan Pablo Mora

Los **audios** para «Escucho y Comprendo» (páginas 23, 43 y 63) están disponibles en

Las actividades de este cuaderno, que se basan en el libro *Doña Problemas,* de El Hematocrítico, publicado por el Grupo Anaya, están elaboradas de acuerdo con los criterios psicopedagógicos y los requerimientos del Proyecto Editorial de Juegos de Lectura - Lectura Eficaz.

La denominación **Juegos de Lectura - Lectura Eficaz** (distintivo con gráfico) está registrada a nombre de Grupo Editorial Bruño, S. L. (marca M1567099).

© del texto: Grupo Editorial Bruño, S. L., 2024
© de esta edición: Grupo Editorial Bruño, S. L., 2024
   Valentín Beato, 21
   28037 Madrid

ISBN: 978-84-696-3564-3
Depósito legal: M-285-2024
Printed in Spain